Inge Meyer-Dietrich

Und das nennt ihr Mut

Mit Bildern
von Susanne Haberer

Ravensburger Buchverlag

Neuausgabe
als Ravensburger Taschenbuch
Band 52237 erschienen 2003

Erstmals als Ravensburger
Taschenbuch erschienen 1997 (RTB 52059)
© 1997 Ravensburger Buchverlag
Otto Maier GmbH

Der Text erschien erstmals 1993
im Verlag Dürr & Kessler
unter dem Titel „... und spuckt hinterher"

Umschlagfoto: mauritius images/
Wolfgang Weinhäupl

**Zu diesem Buch gibt es Materialien
zur Unterrichtspraxis.**

**Alle Rechte vorbehalten
durch Ravensburger Buchverlag**

Printed in Germany

14 15   18 17 16

ISBN 978-3-473-52237-8

www.ravensburger.de

Andis Hände stecken tief
in seinen Jackentaschen.
Der Himmel hängt bis auf die Dächer runter.
Er ist grau von Schneewolken.
Nasse Flocken quellen daraus hervor.
Immer wieder landen einige davon
auf Andis Gesicht.
Er wird im Gedränge der Fußgängerzone
hin und her geschoben.
Aus den Geschäften kommt Weihnachtsmusik.
Oh du fröhliche.
Klingglöckchen.
Stille Nacht.

Gegenüber dem Kaufhaus
spielen junge Leute auf Instrumenten,
die Andi nicht kennt.
Hört sich gut an.
Nicht so bescheuert wie die Weihnachtslieder.
Niemand bleibt bei den Musikern stehen.
Nur wenige Münzen
liegen in dem Hut am Boden.
Die Leute hier in der Fußgängerzone,
die sehen und hören nichts.
Die kaufen nur wie verrückt.
Ihm soll es recht sein.
Je voller das Kaufhaus ist, umso besser.

Andi merkt jetzt erst,
dass er schon vor dem Haupteingang steht.
Er lässt sich mit der Menge
in das Kaufhaus hineinschieben.
„Pass doch auf, verdammt!"
Die Frau, die so schreit, ist beladen mit Tüten.
Andi kann den kleinen Jungen
gerade noch auffangen.

„Heul bloß nicht!",
schimpft die Frau mit dem Kind.
„Auf der Rolltreppe musst du aufpassen!
Ich kann dich nicht festhalten.
Ich hab beide Hände voll!"
„Er ist doch noch klein", sagt Andi.
„Klein. Der ist drei.
Hat ja wohl Augen im Kopf!"
Und schon verschwindet die Frau
mit dem Jungen im Gewühl.
Drei. Bennie ist auch drei.
Aber Andi will jetzt nicht
an seinen kleinen Bruder denken.
Der wird nie so angeschrien. Der nicht.

Im dritten Stock kennt Andi sich am besten aus.
Hier gibt es Computer und Stereoanlagen,
Fernseher, CD-Player und Walkmen.
Bei den Gameboys und den Videospielen
hängen wieder jede Menge Kinder rum.
Die beiden Verkäuferinnen
sehen total genervt aus.

Heute verkauft hier außerdem ein junger Mann,
den Andi noch nie gesehen hat.
Aushilfe, das merkt man.
Null Ahnung hat der, muss dauernd fragen.
Gerade nimmt er zwei teurere Walkmen
aus einem Glasschrank.
Eine junge Frau schaut sich
die Geräte gründlich an,
schließlich geht sie aber
mit einem von den billigeren zur Kasse.
Der Aushilfsmensch ist beschäftigt.
Die verschmähten Walkmen
stehen vergessen neben dem Glasschrank.
Andi schwitzt.
Gleich, denkt er, gleich.
Noch einmal. Nur noch heute.
Dann hab ich's geschafft.
Sie haben es mir wohl nicht zugetraut.
Mike schon gar nicht.
Als ob ich das nicht gemerkt hätte!

Andi zieht den Reißverschluss seiner Lederjacke
ein bisschen nach unten.
Gut, dass die Jacke weit genug ist.
Er versucht,
sich näher an die Walkmen heranzuschieben.
Wenn er nur nicht so unruhig wäre!
Ich brauch doch keine Angst zu haben,
redet er sich ein.
Bis jetzt hat es immer geklappt.
Warum soll es heute schief gehen?
Er guckt sich verschiedene Kassettenrekorder an.
Dreht die Preisschilder rum.
Kein Mensch achtet auf ihn.
Und schon hat er einen Walkman
unter seiner Jacke.
Nein, jetzt bloß nicht wegrennen.
Cool bleiben. Nicht auffallen.
Sein Herz soll nicht so laut klopfen. Verdammt!
Er muss sich zwingen, langsam zu gehen.
Das muss er jedes Mal hinterher.

Andi sieht sich
in einem großen Kaufhausspiegel.
Sieht so ein Dieb aus?
Quatsch! Ich bin kein Dieb.
Normalerweise jedenfalls nicht.
Ich gehör zu Mike. Zu seiner Gang.
Früher hieß das Bande.
In Amerika sagen sie Gang.
Mike steht auf Amerika.
Mike hat auch den Namen
für die Gang ausgesucht.
Sharks nennen sie sich.
Klingt doch viel besser als Haie,
hat Mike gemeint.
Ich hab drei Walkmen
in einer Woche versprechen müssen.
Heute ist Freitag.
Montag hab ich den ersten gebracht.
Jetzt kannst du nicht mehr
über mich lästern, Mike!

Die Rolltreppe bringt Andi ein Stockwerk tiefer.
Niemand scheint ihm zu folgen.
Er kann den Walkman unter seiner Jacke
gut mit einer Hand festhalten.
Mit der rechten,
die tief in seiner Jackentasche steckt.
Ewig dauert das,
bis man sich so wieder aus dem Kaufhaus
rausgeschoben hat.
Er kommt in die Schreibwarenabteilung.
Auch hier ist es rammelvoll.
Die Leute suchen Weihnachtskarten aus
und Geschenkpapier.
„He, hier geblieben! Das gibt's doch nicht!"
Andi ist eingekeilt.
Er kann weder vor noch zurück.
Neben ihm wird ein alter Mann
von einem Pärchen festgehalten.
Der Alte versucht sich loszureißen.
„Von wegen abhauen!", schreit die Frau.
Der Mann neben ihr
hat den Alten am Arm gepackt.
Es ist so spannend wie im Fernsehen.

Die Leute vergessen sogar
ihre Weihnachtskarten
und das dämliche Geschenkpapier.
Alle glotzen.
Starren auf den alten Mann,
der irgendetwas in der Hand hält.
„Ich hab's genau gesehen", sagt die Frau.
„Alleskleber, 'ne große Flasche.
Hat er da drüben geklaut."
Und der Typ, der wohl zu ihr gehört,
hält immer noch
den Arm von dem Alten umklammert.
Er sagt aber nichts,
hat die Lippen zusammengepresst.
Wütend sieht er aus.
Vielleicht ist es ihm peinlich,
dass alle Leute stehen bleiben und glotzen.
Und der alte Mann sieht aus,
als würde er gleich anfangen zu weinen.

Inzwischen ist einer im grauen Anzug
gekommen.

Er schiebt die Leute, die ihm im Weg sind,
einfach beiseite.
Der muss das schon öfter gemacht haben,
das merkt man.
Der ist bestimmt Hausdetektiv.
Andi schwitzt wie im Sommer
in Italien am Strand.
„Kommen Sie bitte mit!",
sagt der im grauen Anzug.
Es klingt wie ein Befehl.
Andi weiß nicht,
ob nur der alte Mann gemeint ist
oder auch die beiden,
die ihn immer noch festhalten.
Andi hält den Walkman
unter seiner Jacke genauso fest.
„Sie wissen,
dass wir jeden Diebstahl anzeigen",
sagt der im grauen Anzug laut.
Der alte Mann duckt sich,
als wenn ihn jemand schlagen wollte.
Das gibt's doch nicht, denkt Andi.
Die können den doch nicht so fertig machen!

Er sieht,
wie sie den Alten in den Aufzug schieben,
die Frau, der Mann und der im grauen Anzug.
Ziemlich grob.
Und er sieht noch einmal,
wie der alte Mann guckt,
bevor die Aufzugtüren zugehen.
Scheiße!
Um Andi herum reden die Leute.
Regen sich fürchterlich auf.
„Eine Schande. In dem Alter.
Muss man sich ja über die Jugend
nicht wundern!"
„Sogar die Kinder klauen heutzutage schon
wie die Raben.

Und nicht nur in Nachbars Garten
wie wir früher ..."
Andi hält den Walkman so fest,
dass ihm die Hand wehtut.
Bloß raus hier, ganz schnell!

∫

Er lässt sich einfach wieder
im Gedränge mitschieben.
Erst an der Martinskirche merkt er,
dass er in die falsche Richtung geht.
Er guckt auf die Kirchturmuhr. Viertel vor vier.
Um vier treffen die Sharks sich bei Rolf.
Vorher nach Hause zu gehen lohnt sich nicht.
Was soll er auch da?
Mama würde nach den Schulaufgaben fragen.
Und natürlich sind die noch nicht fertig.
Warum begreifen seine Eltern nicht,
dass er anders ist als Kerstin?
Die schafft die Realschule mit links.
Und er quält sich auf der Hauptschule ab.

∫

Andi hat den Walkman jetzt
so unter die Jacke geschoben,
dass er ihn mit der linken Hand
festhalten kann.
Die rechte ist schon ganz taub.
Hinter einer Litfaßsäule zieht er
eine Plastiktüte aus seiner Hosentasche
und lässt den Walkman hineinrutschen.

Um die Ecke fängt der Weihnachtsmarkt an.
Es riecht nach gebrannten Mandeln.
Andi kauft sich eine kleine Tüte.
Gleich fünf von den süßen Dingern
schiebt er auf einmal in den Mund.
Er zerkracht sie mit den Backenzähnen.
Langsam wird er wieder ruhig.
Aber der alte Mann
geht ihm nicht aus dem Kopf.
Warum hat der bloß den Alleskleber geklaut?
Ausgerechnet?
Und warum haben die ihn
wie einen Verbrecher behandelt?

Wegen so 'n paar Mark?
Bei mir hat alles geklappt, denkt Andi.
Eigentlich müsste ich jetzt froh sein.
Aber ich fühl mich ganz komisch.

Er kommt an Spielwaren König vorbei.
Sein Blick bleibt an einem Feuerwehrauto
hängen.
Dabei sind doch so viele andere Sachen
im Schaufenster ausgestellt.
Andi will nicht
an das rote Feuerwehrauto denken.
Und an Bennie schon gar nicht.
Kerstin in klein, sagen alle.
Klar, die beiden sind eigentlich in Ordnung.

Bennie ist süß.
Und Kerstin?
Die hat immer schon mehr Glück gehabt als er.
In allem.
Seine Eltern hätten ihn
ruhig weglassen können.
Drei Kinder sind sowieso zu viel
für eine Familie.

„Räum doch bitte die Legokiste ein",
hat seine Mutter gestern wieder mal gesagt.
„Ich?", hat Andi gefragt.
„Wer denn sonst?"
Seine Mutter war total gereizt.
„Als du so klein warst,
hab ich auch immer ..."
„Ist ja schon gut", hat Andi gesagt.
Aber er sieht nicht ein, warum immer er
Bennies Legosteine aufräumen soll.
Wo die in der ganzen Wohnung rumfliegen.
Er ist ja schließlich nicht die Mutter.
Das rote Feuerwehrauto lag auch da.

Mitten zwischen den Legosteinen.
Bennies Lieblingsauto.
Mama war gerade in der Küche
und hat einen Apfel
für ihren Kleinen geschält.
Da ist Andi einfach
auf das Feuerwehrauto draufgetreten.
Zweimal. Ganz fest.
War ein irres Geräusch.
Er hat das kaputte Auto
unter das Schaukelpferd
im Kinderzimmer geschoben.

Bennie hat später angefangen zu schreien.
Andi hat es bis in sein Zimmer gehört,
oben unterm Dach.
Er ist in den Flur geschlichen
und hat gehorcht.
„Nicht weinen", hat Mama getröstet.
„Ist doch bald Weihnachten.
Darfst dir noch was wünschen."
„Mein Auto!", hat Bennie geheult.

„Komm", hat Mama gesagt,
„da kann man nichts machen.
Es ist beim Schaukeln
unter dein Pferdchen gekommen."
„Gar nicht!", hat Bennie geschrien
und immer weiter geschluchzt.
Andi ist in sein Zimmer zurückgegangen.
In dem Moment hätte er das Feuerwehrauto
gern wieder repariert.
Aber das ging nicht mehr.
Die Leiter war hin und die linke Lampe auch.
Keiner weiß,
was mit dem Feuerwehrauto passiert ist.
Und keiner weiß,
was Andi diese Woche
im Kaufhaus gemacht hat.

Er biegt in die Luisenstraße ein.
Sie treffen sich immer im Partykeller
von Rolfs Eltern.
Die arbeiten beide
und kommen nie vor sechs nach Hause.

Björn und Klaus stehen schon vor der Tür.
Nur Mike fehlt noch.
Mike, der Chef.
Eigentlich heißt er Michael,
aber Mike findet er stärker.
Zuerst sollten sie Maikel zu ihm sagen.
Wahrscheinlich wegen Michael Jackson.
Für den hat Mike mal geschwärmt.
Der war auch schon hier auf Tournee.
„Mi-cha-el ist doch doof", hat Mike gesagt.
Andi hat nicht gewusst,
was an dem Namen
auf einmal so doof sein sollte.
Aber es war ihm egal.
Ob Michael oder Maikel oder jetzt eben Mike.
Meistens findet Andi den Mike ganz toll.
Was der sich alles traut!
Und wie er es schafft, immer cool zu bleiben,
egal, was passiert.
Aber manchmal hat Andi
auch eine richtige Wut auf Mike.
Der kann einem auf den Geist gehen
mit seiner Angeberei.

Mike und Andi
sind in einer Klasse.
Mit den Lehrern
kriegt Mike oft Krach.
Doch bei den Schülern ist er der King.
Andi war überrascht
und auch ein bisschen stolz,
als Mike gefragt hat,
ob er in seiner Gang mitmachen will.
Aber er sollte ja nicht auf die Idee kommen,
anderen was zu verraten.
Dann würden sie ihm die Fresse polieren.
Zuerst war Andi erschrocken.
Er wusste nicht, was er sagen sollte.
Er wollte so gern dazugehören.
Wenn schon nicht zu Hause,
dann wenigstens bei denen,
die in seiner Klasse was zu sagen haben.

Und das sind eben Mike und Rolf.
Die beiden bestimmen alles.
So wie es Björn und Klaus
in der Parallelklasse machen.
Als Andi jünger war,
hat er mal eine spannende Geschichte
über eine Bande gelesen.
Wer aufgenommen werden wollte,
musste natürlich auch Mutproben bestehen.
Aber dabei ging es immer darum,
etwas für die Bande zu tun.
Oder jemandem zu helfen, der in Not war.
Sie hatten eine Geheimschrift
und eine Geheimsprache, die kein Fremder
so leicht herauskriegen konnte.
Alle haben zusammengehalten
und tolle Sachen zusammen gemacht.
„Kalter Kaffee", hat Mike gehöhnt,
als Andi vorsichtig davon anfing.
„Von kurz nach der Steinzeit.
Wie wär's vielleicht mit Kirche?
Pfadfinder?
Wär das kein Verein für dich?"

Da hätte Andi dem Mike
am liebsten die Fresse poliert,
obwohl er sonst nicht viel davon hält.

Jetzt kommt Mike mit seinem Mountainbike
um die Ecke gerast.
Bremst. Springt ab.
Cool wie immer.
Der wäre gern schon alt genug für ein Moped.
„Scheißwetter."
Er wischt sich den Schnee aus dem Gesicht.
„Worauf wartet ihr denn?"
„Auf dich, Chef!", sagt Björn.
Oh Mann, wir sind ganz schön bescheuert,
denkt Andi.
Rolf macht die Tür auf.
Im Haus ist es wenigstens warm.

Als Erstes legt Andi im Partykeller
den Walkman auf den Tisch.
„Hey", sagt Mike.

„Aus dir kann ja vielleicht noch was werden.
Drei in einer Woche. Tatsächlich.
Und immer im selben Laden.
Ohne dich erwischen zu lassen.
Wer hätte das gedacht!"
„Das ist sogar einer von den teuren!"
Rolf guckt sich den Walkman genauer an.
„Sind die nicht eingeschlossen?"
„Der Verkäufer hat vergessen,
den Glasschrank abzuschließen", sagt Andi.
„Wow, jetzt räumt er schon die Vitrinen leer."
Mike nimmt Rolf den Walkman aus der Hand.
Wusst ich doch, denkt Andi.
Der hat gedacht, das schaff ich nicht.
Und dass der Walkman
gar nicht mehr im Glasschrank war,
muss ich ihm ja nicht auf die Nase binden.
Das Staunen in Mikes Gesicht tut Andi gut.
„Und?", fragt er,
„wer von euch kriegt jetzt einen?"
„Was? Wer von uns?" Rolf lacht.
„Wer von euch einen Walkman kriegt,
will ich wissen."

Andi sieht die Sharks der Reihe nach an.
„Wir haben doch längst alle einen",
sagt Björn.
Mike nickt
und steckt den Walkman
wieder in die Plastiktüte.
„Und warum sollte ich die Dinger dann klauen?
Und nicht was anderes?
Was ihr gebrauchen könnt?"
Andi wird wütend.
„Warum? Warum?"
Mikes Stimme klingt höhnisch.
„Sharks fragen nicht. Die gehorchen.
Mutprobe. Findste doch gut, oder?"
Andi muss sich zusammenreißen,
um nicht zu schreien.
„Und was hat das für einen Sinn,
wenn ich was klaue, was keiner braucht?",
fragt er.
Seine Stimme zittert vor Wut.
Alle vier gucken ihn an. Grinsen.
Mike hält ihm die Plastiktüte hin.
„Komm, reg dich ab, Kleiner", sagt er.

„Kannst ja vielleicht jemandem zu Weihnachten
'ne Freude damit machen.
Im Waisenhaus oder so.
Hast doch 'ne Schwäche für gute Taten!"
„Du Arsch!"
Andi schnappt sich die Plastiktüte
mit dem Walkman.
Ihm reicht's.
Er rennt die Kellertreppe rauf.
Knallt die Haustür hinter sich zu.
Mikes Lachen hat er noch immer im Ohr.
Was für ein Lachen!
Wichser!
Die wollen ihn gar nicht wirklich, die vier.
Die brauchen bloß einen,
mit dem sie ihren Spaß haben können.
Mutprobe.
Und wozu?
Vor Zorn wirbelt Andi die Plastiktüte
durch die Luft.
Ihm ist zum Heulen.
Und jetzt?
Was soll er mit den drei Walkmen machen?

Er kann ja nicht mal einen
für sich behalten.
Obwohl er ihn gut gebrauchen könnte.
Seiner läuft schon lange nicht mehr richtig.
Andi denkt an die beiden Walkmen,
die er im Keller versteckt hat.
Hinter dem Regal mit den Einmachgläsern.
„Heb sie erst mal bei euch zu Hause auf,
bis du alle drei zusammen hast",
hat Mike am Montag gesagt.
Oh Mann!
Andi beißt sich auf die Lippen.
Die vier lachen sich vielleicht immer noch
kaputt über mich.

Er ist vor dem Kaufhaus angelangt.
Wieder lässt er sich
mit der Menge hineinschieben.
Nur ein Stück.
Er geht zum Fotokopierer.
Sieht sich vorsichtig um.
Stellt die Plastiktüte am Boden ab.

Dann liest er die Gebrauchsanleitung
fürs Kopieren.
Nein, das wäre nicht
nötig gewesen.

Die Leute sind alle
mit sich selbst beschäftigt.
Einen Moment lang
taucht ein Gesicht vor Andi auf.
Der alte Mann.
Ob sie den noch immer in der Mangel haben?
Irgendwann nachher
wird jemand eine Plastiktüte
mit einem nagelneuen Walkman drin finden.
Der wird sich wundern.
Hoffentlich gibt er die Tüte
bei einer Verkäuferin ab.
Draußen atmet Andi auf.

Wenigstens eins von den geklauten Dingern
ist er wieder losgeworden.

Und dann hört er schon im Flur die Stimme.
Tante Elvira. Die hat ihm heute noch gefehlt.
Andi kennt niemanden sonst,
der eine so hohe, schrille Stimme hat
wie Tante Elvira.
Und er kennt auch niemanden,
der so nach Kölnisch Wasser stinkt.
Am liebsten würde er gleich wieder abhauen.
Doch die Wohnzimmertür steht offen.
Die ganze Familie sitzt mit Tante Elvira
um den Tisch mit dem Adventskranz.
Das wäre genau das Richtige
zum Witze reißen für die Sharks.
Andi kann sich nicht
an der offenen Tür vorbeischleichen.
Leider nicht.
„Das ist aber schön,
dass ich den Andi auch mal zu Gesicht kriege",
flötet Tante Elvira.

Andi weiß, was sein Vater von ihm erwartet.
Er soll die Tante freundlich begrüßen.
Ihr die Hand geben.
Schließlich ist sie Vaters ältere Schwester.
Aber Andi kriegt nur ein undeutliches „Tach"
über die Lippen.
„Wo kommst du denn jetzt her?",
fragt Tante Elvira.
Andi zieht die Schultern hoch.
„Ist das vielleicht eine Antwort?",
brüllt sein Vater.
Und dann, nach einer kleinen Pause,
fragt er: „Hast du deine Schulaufgaben
überhaupt gemacht?"
„Noch nicht ganz", sagt Andi leise.
Mama guckt vorwurfsvoll.
Kerstin nimmt sich ein Plätzchen.
Bennie baut ein Legohaus auseinander.
„Verschwinde in dein Zimmer."
Vaters Stimme ist voller Zorn.
Tante Elvira lächelt.
Was geht es die blöde alte Kuh an,
wo ich gewesen bin, denkt Andi.

Und er wünscht sich wieder einmal,
keine Familie zu haben.
Oder wenigstens nicht die,
die er erwischt hat.

In seinem Zimmer schmeißt Andi sich aufs Bett
und stiert die Decke an.
Als ob er jetzt Schularbeiten machen könnte!
Mit so einer Wut!
Wut auf die Sharks und Wut auf die Familie.
Und dann ist auch noch das Matheheft voll.
Andi reißt die Blätter raus. Einzeln.
Immer mit einem lauten Ratsch.
Dann nimmt er den knallroten Filzstift
aus seinem Etui
und malt und malt
auf die voll geschriebenen Blätter.
Über die Matheaufgaben.
Er malt viele knallrote Kühe.
Sie haben alle Ähnlichkeit mit Tante Elvira.
Andi zerschneidet die Kühe
in viele kleine Schnipsel.

Einen nach dem anderen
lässt er in den Papierkorb flattern.
Seine Wut wird langsam kleiner.
Und dann, dann träumt er sich weg.
Er träumt sich weg von seiner Familie
und weg von den Sharks.
Er ist nicht mehr Andi.
Er träumt sich einen eigenen Planeten
und richtige Freunde.
Eine Familie hat er nicht.
Er braucht
auch keine.

Am anderen Morgen
kommt Andi als Letzter ins Klassenzimmer.
Er wollte den Sharks
nicht schon auf dem Schulhof begegnen.

Wenn er nur an sie denkt,
kommt gleich wieder die Wut in ihm hoch.
Ob die Sache für die Sharks
jetzt erledigt ist?
Vielleicht suchen sie sich inzwischen
schon jemand anders.
Einen,
mit dem sie es auch wieder so machen
wie mit ihm.
Oder vielleicht lieber einen,
der besser zu ihnen passt?
Und er, Andi,
ist für immer bei ihnen unten durch.
Andi, blöd genug zu glauben,
sie wollten ihn wirklich in ihrer Gang haben.
Blöd genug,
dass man Witze mit ihm machen kann.
Aber zu langweilig auf die Dauer?
Ohne nach rechts oder links zu gucken,
geht Andi zu seinem Platz.
Da liegt ein zusammengefalteter Zettel.
Andi rührt ihn nicht an.
Erst als Herr Becker sagt,

dass sie die Hausaufgaben vornehmen sollen,
faltet er den Zettel auseinander.

PASS AUF DEINE FRESSE AUF!

Gut, dass Herr Becker da vorne steht.
Wenigstens während des Unterrichts
ist Andi sicher.
Aber nach der Schule
kann Herr Becker ihn nicht mehr beschützen.
Dabei hat er ihn schon so oft
vor seinem Vater in Schutz genommen,
wenn der mit Andis Leistungen
nicht zufrieden war.
Herr Becker ist der beliebteste Lehrer
an der Schule.
Andi hat ihn jetzt schon das zweite Jahr
als Klassenlehrer.
Und er wünscht sich, dass sie ihn behalten.

Mitten in der Stunde klopft es.
Der Rektor kommt
mit einem blonden Jungen herein.

„Hier bringe ich euch
Henner Marten.
Ich hoffe, ihr nehmt ihn gut auf
für den Rest des Schuljahres.
Henner ist gestern erst umgezogen."
Schon ist der Rektor wieder draußen.
Herr Becker gibt Henner den Platz neben Andi.
Der sieht ja aus wie 'n Mädchen,
denkt Andi.
So lange Haare. Beknackt.
Und ausgerechnet neben mir muss er sitzen.
Alle gucken auf den Neuen.
Aber der kümmert sich nicht darum. Der gähnt.

Jemand zischt: „Henner! Penner!"
„Halt den Mund, Mike", sagt Herr Becker.
„Witzig bist du wirklich nicht."
Und er hält den Unterricht wie alle Tage.

Als es zur großen Pause klingelt,
kramt Andi lange in seiner Schultasche.
Er merkt, dass Henner
eine Weile neben ihm stehen bleibt.
Aber Andi will nichts mit Henner zu tun haben.
Am liebsten würde er sich unsichtbar machen.
Wenn er an die Sharks denkt,
hat er schon wieder Herzklopfen.
Er geht als Letzter aus dem Klassenzimmer.
Allein verkriecht er sich
in eine Ecke des Schulhofs.
Er hat gestern Abend nichts mehr gegessen
nach dem Ärger mit seinem Vater.
Und heute Morgen
war ihm nicht nach Frühstück zumute.
Trotzdem kann Andi sein Schulbrot nicht essen.
Er kriegt es einfach nicht runter.

Die Sharks stehen mitten auf dem Schulhof
unter der alten Platane.
Die brüten was aus. Bestimmt.
Manchmal gucken sie zu ihm hin.
Andi hört ihr Lachen.
Die lassen mich erst mal zappeln, denkt er.
Aber sie lassen mich bestimmt nicht in Ruh.
Er geht für den Rest der Pause
auf das stinkige Schulklo.
Ihm wird fast schlecht.

Als er wieder in die Klasse kommt,
liegt die zweite Botschaft auf seinem Tisch.

WARTE NUR!
WEISST DU, WAS MIT LEUTEN PASSIERT,
DIE IN KAUFHÄUSERN KLAUEN?

Andi will den Zettel wegschmeißen.
Aber er traut sich nicht.
Arschlöcher.
Bringen ihn überhaupt erst zum Klauen,
und jetzt drohen sie ihm deswegen.

Herr Becker teilt die Aufsatzhefte aus.
Andi hat vergessen,
dass für heute ein Aufsatz angekündigt war.
„Ein Tag, den ich nie vergessen werde."
Das Thema steht groß an der Tafel.
Andi stiert auf die Schrift,
als ob er nicht verstanden hätte.
„Es kann ein guter Tag sein
oder ein schlimmer", sagt Herr Becker.
„Die Hauptsache ist
eure lebendige Schilderung.
Beschreibt genau eure Gefühle."
Andi starrt noch immer auf die Tafel.
In seinem Kopf sind viele Bilder.
Und er hat viele Gefühle.
Aber darüber kann er nicht schreiben.
Es gibt genug Tage,
die er nicht vergessen wird.
Nicht die allererste Mutprobe für die Sharks,
als er sich in der Tiefgarage
hat einschließen lassen.
Nicht die Kaufhaustage
und nicht den heutigen Tag mit den Zetteln.

Aber das darf keiner wissen.
Andi versucht sich an schöne Tage zu erinnern.
Sein letzter Geburtstag.
Die Ferien bei seiner Oma,
bevor sie gestorben ist.
Das waren schöne Tage.
Überhaupt die Ferien früher.
Als sein Vater ihn noch mochte.
Als Andi noch nicht
der Blödi in der Familie war.

Er sieht die Bilder von früher vor sich.
Doch er findet die Gefühle nicht mehr.
Etwas Kaltes ist darübergefallen.
Seine Angst, die könnte er beschreiben
und seine Enttäuschung.
Seine Wut und wie allein er sich fühlt.
Aber dann müsste er
von seiner Familie erzählen.
Und von den Sharks.
Das geht nicht.
Das geht nicht mal bei Herrn Becker.

Andi friert, obwohl sein Kopf heiß ist.
Vielleicht werde ich krank, denkt er.
Hoffentlich werde ich richtig krank
und muss ins Krankenhaus.
Als Andi sein Aufsatzheft abgibt,
stehen nur ein paar Sätze
unter dem Datum von heute.
Und sogar die hat er durchgestrichen.
„Was ist mit dir los?",
fragt Herr Becker.
„Warte nach Schulschluss auf mich.
Ich muss mit dir reden."

Nach der letzten Stunde bleibt Herr Becker
allein mit Andi im Klassenraum.
„Mit dir stimmt was nicht, Andi.
Aufsätze sind doch sonst deine Stärke."
Mehr sagt er nicht.
Geduldig wartet er auf Andis Erklärung.
Und einen Moment lang denkt Andi,
dass Herr Becker das Kalte
vielleicht von ihm wegnehmen kann.

Er möchte, dass sein Lehrer alles weiß.
Aber es geht nicht.
Es gibt Dinge, die kann man nicht sagen.
„Mir ist nichts eingefallen."
Andi spricht leise
und guckt dabei auf die Wand.
Herr Becker seufzt.
Wieder wartet er endlos lange.
Schließlich steht er auf.
„Ich seh schon,
du magst nicht drüber reden",
sagt er dann.
„Aber falls du's dir noch überlegen solltest:
Du kannst mich auch anrufen."
Seine Stimme klingt warm,
aber gleichzeitig ziemlich enttäuscht.

Der Schulhof ist leer.
Andi geht langsam.
Gott sei Dank hat niemand auf ihn gewartet.
Er friert immer noch.
Sein Kopf ist immer noch heiß.

Und dann,
an der Ecke Friedrichstraße/Bismarckallee,
tauchen sie plötzlich auf.
Alle vier.
Sie umringen ihn.
Mike drischt als Erster auf ihn ein.
Andi versucht,
sein Gesicht mit den Händen zu schützen.
„Feigling", zischen sie,
„du lernst die Sharks noch kennen.
Wenn du nicht für uns bist,
dann bist du gegen uns."

Andis Gesicht ist geschwollen,
als er nach Hause kommt.
„Mein Gott, wie siehst du denn aus!"
Seine Mutter starrt ihn an wie einen Fremden.
„Was ist passiert?"
Andi antwortet nicht.
„Das fehlt gerade noch,
dass du dich prügelst."
Seine Mutter seufzt so wie vorhin Herr Becker.
„Und du kommst eine ganze Stunde zu spät."
Andi bleibt stumm.
Er schafft es einfach nicht,
den Mund aufzumachen.
Ihm tut alles weh.
Er geht in sein Zimmer und kriecht ins Bett.
Irgendwann schläft er ein.
Er träumt, sein Kopf wär ein Heißluftballon.
Der löst sich von seinem Körper
und fliegt weit weg.
Er fliegt durch einen dunklen Raum.
Darin gibt es nichts.
Nur Stimmen, die ihn bedrängen.
Murmelnde, flüsternde, schreiende Stimmen.

„Feigling", zischt die eine.
„Dieb!", brüllt die Nächste.
„Ruf mich an!", fordert die Dritte.
Andi hält sich im Traum die Ohren zu.

Abends kann er sein rechtes Auge
nicht mehr aufmachen.
Auch das linke
geht bloß einen Schlitz weit auf.
Durch den kleinen Schlitz
sieht Andi die Eltern vor seinem Bett stehen.
„Was ist das jetzt für eine Geschichte?",
will sein Vater wissen.
Andi schweigt.
„Lass ihn, ich glaub, er ist richtig krank",
flüstert Mama.
„Dass es eine Prügelei gegeben haben muss,
hab ich dir ja gleich gesagt. Aber ..."
Prüfend legt sie ihre Hand auf Andis Stirn.
„Er hat auch Fieber.
Ich ruf den Doktor an. Komm!"
Sie gehen leise aus dem Zimmer.

Andi hat Kopfschmerzen, Rückenschmerzen,
Überallschmerzen.
Er hat scheußlichen Durst.
Und er ist so müde,
als wäre er nächtelang
nicht ins Bett gekommen.
Ich hätte Mama fragen sollen,
ob sie mir was zu trinken gibt,
denkt er und hört sich laut stöhnen.
Ob er in diesem Leben jemals wieder
vernünftige Laute über die Lippen bringt?
Seine Lippen?
Die sind trocken und rau,
als er vorsichtig mit der Zunge darüberfährt.
Und innendrin, da fühlt er gar nichts mehr.
Da ist alles taub.
Endlich schläft er wieder ein.
Träumt von einem alten Mann
mit einer riesigen Klebeflasche.
Die ist so groß,
dass sie nicht einmal durch die Tür passt.

Eine sanfte Stimme weckt Andi auf.
„Tut mir leid, Junge,
ich muss dich ein bisschen untersuchen."
Doktor Laubenthal kennt Andi
seit seiner Geburt.
„Wer hat dich bloß so zugerichtet?"
Vorsichtig befühlt der Arzt Andis Gesicht.
Andi zieht die Schultern hoch.
„Hast du dich mit Klassenkameraden
geprügelt?"
Andi schüttelt vorsichtig den Kopf.
Jede kleine Bewegung tut fürchterlich weh.
„Dann waren das Fremde?"
Andi nickt.
„Ich werde bei der Polizei Anzeige erstatten",
sagt Doktor Laubenthal.
„Wenn du wieder reden kannst,
musst du mir genau erzählen,
was passiert ist."
„Das würde ich auch gern wissen",
sagt Andis Vater
vom anderen Ende des Zimmers.
Mir fällt schon was ein, denkt Andi.

„Streck mal deine Zunge raus",
sagt Doktor Laubenthal.
Das hat Andi früher immer Spaß gemacht.
Heute hat er Mühe, die Zunge rauszustrecken.
Die Sharks waren gründlich.
„Ich quäl dich nicht länger",
sagt der Doktor schließlich.
„Morgen komm ich wieder vorbei.
Und ich lass dir was
aus meinem Notfallkoffer hier,
damit du wieder einschlafen kannst."

Ganz vorsichtig streicht Mama
von der kühlenden Salbe in Andis Gesicht.
Und sie löst ihm die Schmerztabletten auf,
damit er sie runterschlucken kann.
Trotzdem schläft Andi unruhig.
Mama lässt seine Schreibtischlampe brennen.
Bringt ihm zu trinken,
ohne dass er sie darum bitten muss.
Ein paarmal in der Nacht
taucht sie an seinem Bett auf.

Sieht ihn besorgt und liebevoll an.
Solche Blicke hat sie sonst nur für Bennie.
Ist das Wirklichkeit,
oder hat er das auch geträumt?

Am anderen Morgen
kommt Doktor Laubenthal schon früh
und untersucht Andi gründlich.
Als er fertig ist, fragt Andi zögernd:
„Muss ich jetzt ins Krankenhaus?"
„Nein", sagt der Doktor,
„das kriegen wir schon allein hin,
deine Mutter und ich.
Und ... du hast wirklich keine Ahnung,
wer dich so zusammengeschlagen hat?"
„Nein", flüstert Andi, „ich kenn die nicht."

„Es wird immer schlimmer
mit der Gewalt auf den Straßen",
sagt der Doktor.
„Und dann hast du auch noch gleichzeitig
eine Grippe erwischt.
Aber wenn du die Kapseln
morgens und abends nimmst,
die ich dir verschrieben habe,
bist du Weihnachten
vielleicht schon wieder halbwegs gesund."
Ich will ja gar nicht schnell gesund werden,
denkt Andi.
Am liebsten würde ich nie wieder
in die Schule gehen.

Wenn ihm nicht immer noch alles wehtäte,
könnte Andi das Kranksein beinahe genießen.
Mama ist so lieb zu ihm
wie schon lange nicht mehr.
Bennie schenkt ihm mittags die schönsten
von den bunten Weihnachtsplätzchen,
die er im Kindergarten gebacken hat.

Kerstin überspielt ihm ein paar Kassetten.
Und sein Vater schimpft nicht,
als er nach Hause kommt,
und fragt auch nicht mehr nach den Typen,
die Andi verdroschen haben.
Er ist nicht so lieb wie Mama
und Kerstin und Bennie,
aber dass er nichts zu meckern hat,
ist auch schon toll.

Einen Tag später kann Andi sein rechtes Auge
wieder ein Stück weit aufmachen.
Mit dem linken sieht er fast normal.
Doch sein Gesicht ist zum Fürchten.
Die Schwellungen sind zurückgegangen,
aber dafür sind die blauen Flecken
umso deutlicher geworden,
vor allem um die Augen herum.
„Veilchen", sagt Kerstin liebevoll.
„Wenn ich die Kerle
in die Finger kriegen könnte,
die das gewesen sind", sagt Mama drohend.

Sie sieht aus,
als wollte sie gleich eine Pistole kaufen gehen.
Ein Glück, dass es niemand weiß,
denkt Andi.
Das würde alles noch schlimmer machen.
Und ein Glück, dass die Weihnachtsferien
fast drei Wochen lang dauern.
Sie fangen übermorgen erst an.

Mittags klingelt es.
Mama schiebt einen Jungen in Andis Zimmer.
Andi traut seinen Augen nicht,
obwohl er doch schon fast wieder
normal sehen kann.
„Henner?", fragt er ungläubig und denkt:
Was will der denn hier?
Ausgerechnet der?
„Herr Becker schickt mich", sagt Henner.
„Weil ich gleich bei dir um die Ecke wohne.
Du sollst dir keine Sorgen machen
wegen der Arbeit.
Warst ja wohl schon krank."

Er legt Andi
einen Brief aufs Bett.
„Danke."
Andi schiebt ihn in den Comic,
in dem er gerade vorher geblättert hat.
Er mag nicht mit Henner reden.
Und er schämt sich,
wenn er an seine blauen Flecken denkt.
„Dir geht's wohl noch ziemlich mies?",
fragt Henner.
Andi nickt erleichtert.
„Soll ich morgen wieder kommen?
Vielleicht fühlst du dich dann schon besser?"
„Vielleicht", knurrt Andi.

Was soll er auch sonst sagen?
Dass er seine Ruhe haben will?

∫

Als er allein ist,
zieht er den Brief aus dem Comic
und macht ihn auf.
Werd schnell wieder gesund,
hat Herr Becker geschrieben
und ihm schöne Ferien gewünscht.
Und für alle Fälle
steht da auch seine Telefonnummer,
damit Andi sie nicht erst raussuchen muss,
wenn er ihn vielleicht doch mal anrufen will.

∫

Henner kommt am nächsten Tag
tatsächlich wieder.
Er bringt einen Katerkrimi mit
und ein Piratenspiel.
Das Spiel macht Spaß,
obwohl sie nur zwei sind
und man es bis zu sechs Leuten spielen kann.

Immer, wenn es besonders spannend wird,
fährt Henner sich durch die langen Haare.
Eigentlich steht ihm die Frisur
gar nicht mal so schlecht, denkt Andi.
Und es sieht so aus,
als wäre Henner auch sonst
ganz in Ordnung.

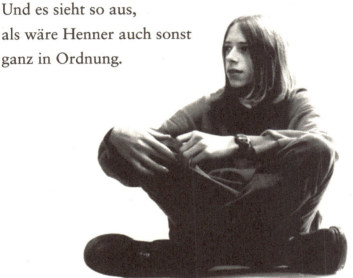

„Warum hast du neulich dauernd gegähnt,
als du in unsere Klasse gekommen bist?",
fragt Andi plötzlich.
„Warum?", wiederholt Henner verwundert.
„Weil ich todmüde war.
So 'n Umzug macht Arbeit."
„Du hast mitgeholfen?" Andi staunt.

Henner sieht gar nicht so aus,
als ob er arbeiten könnte.
„Klar", sagt er.
„Wir leben allein, meine Mutter und ich.
Da muss ich oft helfen.
Wenn du wieder gesund bist,
komm mal rüber, ist nicht weit.
Dann koch ich uns was."
Menschenskinder, der kann sogar kochen!
Als Henner geht, fragt Andi noch schnell:
„Sag mal, hast du in der Klasse erzählt,
wie ich ausseh?"
„Bist du verrückt!"
Henner verdreht die Augen.
„Das geht doch keinen was an.
Und so lange die mich Penner nennen,
red ich sowieso nicht mit denen."
Andi ist dankbar,
dass Henner nicht einmal fragt,
woher die blauen Flecken kommen.
„Du bist kein Penner",
sagt er lahm und ärgert sich,
dass ihm nichts Besseres einfällt.

„Weiß ich." Henner lacht.
„Und die anderen
werden es vielleicht auch noch merken."

Abends kommt Andis Vater
zu einem längeren Besuch.
Er holt sich extra
den Schreibtischstuhl ans Bett.
Setzt sich, schlägt die Beine übereinander.
Er sieht Andi eine ganze Weile an,
ohne etwas zu sagen.
Andi fühlt sich unbehaglich.
Er versteht sich nun mal nicht mit seinem Vater.
Das fing schon am Ende der Grundschule an
und ist in letzter Zeit
immer schlimmer geworden.
„Andreas, hör mal", sagt sein Vater.
„Ich nehm dir die Geschichte
nicht so ganz ab,
die du uns da erzählt hast.
Warum sollten dich Fremde überfallen
und zusammenschlagen?"

„Ich weiß nicht", murmelt Andi.
„Steht doch öfter so was in der Zeitung."
Wieder guckt sein Vater ihn lange an.
„Na gut", sagt er schließlich,
„vielleicht ändert das jetzt
auch nichts mehr.
Aber ich möchte, dass du in Zukunft
etwas besser auf dich aufpasst.
Wer weiß,
in was für Gesellschaft du geraten bist.
Du kommst jetzt in das Alter ..."
Er macht eine Pause.
„Also, ich hab mir ja sowieso
eine andere Schule für dich gewünscht.
Du musst dir einfach mehr Mühe geben.
Vielleicht schaffst du ja doch noch,
irgendwann wenigstens
den Realschulabschluss zu machen."
Jetzt soll er bloß nicht wieder
davon anfangen,
wie er um den Posten des Filialleiters
gekämpft hat, denkt Andi.
Dass ihm nichts in den Schoß gefallen ist.

Oh Mann!
Ich hab das schon hundertmal gehört.
Nie im Leben
würde ich in einer Sparkasse arbeiten.

„Guck, hab ich ganz alleine gebaut!"
Bennie platzt mit einem Ungetüm
von Legofahrzeug ins Zimmer.
„Zeig mal", sagt Andi, „wirklich toll!"
Noch nie hat er eins von Bennies Kunstwerken
so bewundert.
„Komm her, kleiner Mann", sagt sein Vater
und nimmt Bennie auf den Schoß.
„Eigentlich wollte ich
mit deinem großen Bruder reden.
Aber das läuft uns ja nicht weg."
Andi atmet auf.
Er hat erst einmal Zeit gewonnen.

Am nächsten Morgen ist es
mit dem gemütlichen Kranksein vorbei.

Andi will sich nach dem Frühstück im Bett
gerade in den Katerkrimi vertiefen,
da sagt Mama:
„Hör mal, Großer,
ich muss dich ein bisschen allein lassen.
Heute kann ich noch
ohne Bennie einkaufen gehen.
Morgen gibt es im Kindergarten
Weihnachtsferien."
„Kein Problem", sagt Andi.
Er ist gespannt,
was Kommissar Katzbach vorhat.
Ist er dem Geheimnis der Grünen Hunde
schon auf der Spur?
„Und krieg keinen Schreck, Andi,
wenn ich den Weihnachtsbaum
erst noch im Garten verstecke.
Bennie soll ihn nicht vor Heiligabend sehen."
Was?
Andi schießt plötzlich in seinem Bett hoch.
Sein Kopf trifft haarscharf die Klemmlampe.
Was hat Mama gesagt?
„Vorsicht, Junge.

Dein Kopf ist noch nicht ganz in Ordnung.
Du sollst mich nicht
für einen Einbrecher halten,
wenn du mich im Garten hörst."
Andi nickt.
Weihnachtsbaum. Einbrecher.
Der Christbaumständer, denkt er,
der steht bei den alten Einmachgläsern.
Da, wo ich die Walkmen versteckt hab.
Wenn sein Vater
schon am Nachmittag versuchen würde,
den Baum in den Ständer einzupassen?
Und wenn er dabei die beiden Walkmen findet?
Andi flucht.
Er ist schon wieder
gegen die Klemmlampe gestoßen.
Zum Glück
war Mama schon aus dem Zimmer.
Andi reibt sich den schmerzenden Kopf.
Wahrscheinlich kommt der Baum
erst Heiligabend in den Ständer.
Wahrscheinlich.
Andi kann sich nicht einfach darauf verlassen.

Wenn er daran denkt, dass sein Vater
die Dinger im Keller finden könnte!

Sparkassenfilialleiter.
Und der Sohn klaut.

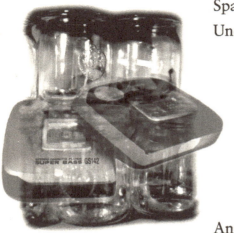

Andi steht auf.
Zieht seine Lederjacke über den Schlafanzug.
Dann geht er in den Keller.
Nach den paar Tagen im Bett
ist er richtig wackelig auf den Beinen.
Obwohl er die Kapseln nimmt,
die Doktor Laubenthal ihm verschrieben hat,
geht das Fieber nicht weg.
Andi findet die Tüte mit den Walkmen sofort.
Verdammt heiß!
Die war wirklich nicht weit
vom Christbaumständer entfernt.

Andi überlegt.
Und wo versteck ich die Dinger jetzt?
Sobald ich raus kann, bring ich sie zurück.
Bin ich dann immer noch ein Dieb?

Andi hält sich am Treppengeländer fest,
als er wieder nach oben geht.
Er hört was in den Briefkasten plumpsen.
Warum muss er denn unbedingt nachgucken,
wenn er sich so wackelig fühlt?
Ihm schreibt ja doch keiner.
Klar, weil er auch nie schreibt.
Wem sollte er schon schreiben?
Andi starrt auf die bunte Karte
mit dem Weihnachtsmann.

OH DU FRÖHLICHE,

steht in der Sprechblase.
Die Karte ist für ihn.
Für Andi Mellert.
Steht groß in Druckbuchstaben darauf.
Und da steht noch mehr:

WIR HABEN ZEIT!
ERHOL DICH UND FEIER SCHÖN!
WALKMÄNNCHEN!

Andi beißt sich auf die Lippen.
Was hat er denn gedacht?
Dass die ihn jetzt in Ruhe lassen?
Die brauchen immer einen,
den sie fertig machen können.
Er lässt die Post für die Familie
im Briefkasten.
Mama würde sich sonst wundern.
Nur seine Karte, die nimmt er mit.
Die Karte und die Tüte,
die er aus dem Keller geholt hat.

In seinem Zimmer
setzt er sich erst mal aufs Bett.
Er wischt sich den Schweiß von der Stirn.
Ganz zittrig fühlt er sich.
Walkmännchen!
Die Sharks machen Witze.

Andi reißt die bunte Weihnachtskarte
in viele kleine Schnipsel,
so wie er es neulich
mit den roten Filzstiftkühen gemacht hat.
Er mag die Schnipsel nicht einfach
in den Papierkorb werfen.
Niemand soll sie finden und Fragen stellen.
Andi holt einen Aschenbecher aus der Küche
und verbrennt die Schnipsel.
Die Reste lässt er im Klo verschwinden.
Und wo soll er die Plastiktüte verstecken?
In seinem Zimmer?
Er ist ganz durcheinander und so erschöpft
wie nach einem doppelten Zirkeltraining.
Und er hat nicht mehr viel Zeit.
Um zwölf
holt Mama Bennie aus dem Kindergarten.

Nur noch eine Viertelstunde!
Andi fährt zusammen.
Was war das für ein Geräusch?
Ach ja,
Mama im Garten mit dem Weihnachtsbaum.
Er packt die Plastiktüte
einfach in seinen Schrank.
Schmeißt die Lederjacke darüber.
Steigt ins Bett.
Aber Mama kommt nicht ins Haus.
Sie fährt wohl gleich weiter zum Kindergarten.

Jetzt muss ihm schnell
ein Versteck einfallen!
Unterm Bett?
Hinterm Schrank?
Geht nicht.
Mama könnte auf die Idee kommen,
sein Zimmer vor Weihnachten
noch einmal zu putzen.
Und dann?
Er hievt die Tüte auf den Kleiderschrank,

steigt auf den Schreibtischstuhl
und schiebt die Tüte ganz hinten an die Wand.
Mist!
Von der Tür aus kann man die Tüte sehen.
Und sein Vater hat sowieso Adleraugen.
Vielleicht ist es am besten,
die Tüte im Schrank zu verstecken.
Die Weihnachtsgeschenke
hat er schließlich auch da untergebracht:
die dick verpackte Kassette für Kerstin,
das Bilderbuch für Bennie,
den Krimi für seinen Vater
und die Schale,
die er im Kunstunterricht
für Mama getöpfert hat.
Klar!
Er packt die Geschenke
einfach alle mit in die Tüte.
Dann schreibt er einen Zettel:

VORSICHT!
GEHEIM!
WEIHNACHTSGESCHENKE!

Das erinnert ihn an die Zettel in der Schule
und an die Karte von den Sharks.
Aber die Gedanken
schiebt Andi schnell ganz weit weg.
Wenn Mama frische Wäsche
in den Schrank räumt,
wird sie die Tüte bestimmt nicht untersuchen.
Vorsichtshalber stellt er sie ganz hinten
ins unterste Schrankfach
und stapelt seine Pullis und T-Shirts davor.
Endlich kann er wieder ins Bett.
Für den Krimi ist er viel zu müde.

Mama und Bennie
wecken ihn aus einem seltsamen Traum.
Im Wohnzimmer stand
ein riesengroßer Weihnachtsbaum.
Der wurde immer noch größer.
Wuchs,
bis er an die Decke stieß, sich krümmte
und schließlich zum Fenster hinauswuchs,
an der Hauswand entlang bis zum oberen Stock.

Auf der Straße drängelten sich die Leute.
Alle wollten den Weihnachtsbaum sehen.
Erst allmählich begriff Andi, warum.
Der Baum war über und über
mit kleinen Walkmen behängt,
in allen Farben, die man sich denken kann.
Und aus sämtlichen Walkmen
dudelten Weihnachtslieder.
Die Leute auf der Straße
fingen an zu klatschen und mitzusingen.
Die Musik war begleitet
von Glöckchen und Rasseln.
Der Baum wippte und tanzte.
Und im Haus tanzten auch plötzlich alle,
Kerstin und Mama mit Bennie auf dem Arm.
Sogar Tante Elvira fing an zu tanzen.
Nur Vater stand da
und hielt sich die Ohren zu.
„Hört auf mit dem Affentheater!", schrie er.
„Wie kommen wir bloß
an so einen Weihnachtsbaum?"

Der Geruch von gebrannten Mandeln
steigt Andi in die Nase.
Jetzt schmeckt er die Mandeln sogar.
„Du, Andi!", ruft Bennie.
„Ich fütter dich. Du bist mein Kind!"
Beinah hätte Andi sich heute
schon zum dritten Mal
den Kopf an der Klemmlampe gestoßen.
„Einmal du, einmal ich",
sagt Bennie.
Abwechselnd schieben sich die Brüder
gebrannte Mandeln in den Mund
und zerkrachen sie mit den Backenzähnen.

Nachmittags kommt Henner.
Andi hat sich schon richtig an ihn gewöhnt.
„Ferien!" Henner strahlt.
Zuerst reden sie über den Krimi,
den Andi nach dem Mittagessen ausgelesen hat.
Dann spielen sie wieder das Piratenspiel.
Und zwischendurch erzählt Henner
von seiner alten Schule.

Er kann Leute so nachmachen,
dass Andi sie deutlich vor sich sieht.
„Wie sind sie denn jetzt
bei uns in der Klasse zu dir?",
fragt Andi schließlich.

„Es geht."
Henner guckt auf den Würfel,
den er in der Hand hält,
und sieht unglücklich aus.
„Der Mike, der muss einen dauernd
irgendwie runtermachen.
Das ist so ein richtiger Kotzbrocken."
Andi nickt. Oh ja, und was für einer!

Wie gern würde er Henner
jetzt die ganze Geschichte erzählen,
die er mit den Sharks erlebt hat.
Auch von der Karte,
die heute Morgen bei ihm angekommen ist.
Aber dann dürfte er die Walkmen
nicht weglassen.
Andi seufzt laut auf.
„Beklag dich bloß", sagt Henner,
„liegst hier gemütlich im Bett
und gewinnst auch noch dauernd."
Ja, Andi gewinnt.
Aber er freut sich nicht darüber.
Und auf Weihnachten
freut er sich noch viel weniger.
Henner wird ein paar Tage lang nicht kommen,
weil Andis Vater meint,
Weihnachten sei ein reines Familienfest.
Dafür wohnt Tante Elvira dann bei ihnen.
Schließlich gehört sie zur Familie.
Andi darf gar nicht daran denken!
Ach was,
die paar Tage werden auch vorübergehen.

Dann kann er sich wieder mit Henner treffen,
so oft sie beide Lust dazu haben.
Wenn Henner bloß früher
in meine Klasse gekommen wär,
denkt Andi.
Dann hätte ich die verdammte Gang
nicht so nötig gehabt!
Dann säße ich jetzt bestimmt nicht
in so einem Schlamassel!
Aber erst einmal
sind drei Wochen lang Weihnachtsferien.
Vielleicht werden ja auch die Sharks
an Weihnachten friedlich?

Die Feiertage sind wirklich öde.
Früher war Weihnachten Andis liebstes Fest,
aber er mag es schon lange nicht mehr.
Alles ist genau festgelegt:
der Kirchgang, das Essen, die Bescherung.
Wann und wie. Immer dasselbe.
Und das ganze Getue mit den Geschenken.
„Den anderen eine Freude machen."

Dieses Jahr kann er die meiste Zeit
in seinem Zimmer verbringen,
obwohl er kein Fieber mehr hat
und sich viel besser fühlt.
„Du siehst noch so spitz aus im Gesicht",
sagt Mama.
Und Tante Elvira
rückt immer ganz weit weg von Andi.
Sie hat schreckliche Angst vor Ansteckung.
Dabei hustet er kaum noch.
Und Doktor Laubenthal hat gesagt,
dass Andi längst nicht mehr ansteckend ist.
Doch Tante Elvira
kann gar nicht weit genug von ihm wegrücken.
Ein kariertes Baumwollhemd
hat sie ihm zu Weihnachten geschenkt.
Zwei Nummern zu groß.
Zum Reinwachsen.
Andi sieht darin aus wie eine Vogelscheuche
in Holzfällerkleidung.
Und dafür musste er sich auch noch bedanken!
Aber nur von ganz weit,
und das ging gerade noch.

Einen Tag nach Weihnachten bringt Vater
Tante Elvira mit dem Auto nach Hause.
Bennie darf mitfahren.
Kerstin hört ihre neuen Kassetten.
„Und wir beide
gehen mal ein bisschen an die Luft",
schlägt Mama Andi vor.
„Das tut dir sicher gut."

Sie machen einen Spaziergang
zum zugefrorenen See.
Es ist kalt, doch Andi findet es schön,
in der Sonne am See entlangzulaufen.
Der See wirkt im Winter viel größer,
weil die Bäume ringsherum kahl sind.
Scharen von Kindern laufen Schlittschuh.
„Dazu hätte ich auch Lust", sagt Andi.
„Warte lieber noch ein paar Tage!"
Mama sieht ihn von der Seite an, liebevoll,
wie schon oft in den letzten Tagen.
Ich bin genauso groß wie Mama, denkt Andi,
als er neben ihr geht.

Er ist nicht mehr
wackelig auf
den Beinen.
Er fühlt sich wieder gesund.
Und er fühlt sich wohl, allein mit Mama.
Sie lachen und albern herum.
Mama erlaubt ihm,
dass er Henner am nächsten Tag besuchen darf.
Oh Mensch!
Wenn es die Sharks nicht gäbe,
wäre das Leben endlich mal wieder richtig gut!

„Was schleppst du denn alles mit?",
fragt Mama, als sie Andi
mit zwei Plastiktüten losziehen sieht.
„Musst du dich gleich so beladen?"

„Henner hat mir Bücher und Spiele geliehen.
Die will ich ihm zurückgeben", sagt Andi.
„Die Tüten sind wirklich nicht schwer."
Dass er zwei Walkmen eingepackt hat,
kann er ja schließlich nicht sagen.
Aber zurückbringen
will er sie heute unbedingt.
Er will sie endlich los sein,
bevor was Schlimmes passiert.

Im Kaufhaus ist es nicht so voll
wie vor den Feiertagen.
Aber es sind genügend Leute da.
Viele tauschen Geschenke um.
Andi tut erst wieder einmal so,
als ob er sich einiges ansehen will.
Dann lässt er die Tüte mit den beiden Walkmen
in der Nähe einer Kasse stehen.
Er ist schon etliche Schritte entfernt,
als er eine Frau hinter sich rufen hört:
„He, junger Mann,
hast du das hier vergessen?"

Andi erschrickt.
Will weglaufen.
Nein, denkt er, das geht nicht.
Das wär ja total bescheuert!
Langsam dreht er sich um.
„Meinen Sie mich?",
fragt er mit einer Stimme,
die ihm ganz fremd ist.
„Klar!" Die Verkäuferin lacht.
„Nein", sagt Andi schnell,
„ich hab nichts vergessen."
Wie festgewachsen steht er da.
Die Frau bückt sich nach der Tüte.
Wenn sie die jetzt auspackt?

Andi geht einfach los.
Geht und weiß doch, dass die Verkäuferin
ihn gleich zurückrufen wird.
Und dann wird sie
den Typ im grauen Anzug holen.
Sie werden Andi festhalten
und ihn fertig machen.

Wie den alten Mann,
der den Alleskleber geklaut hat.
Nein, viel schlimmer.
Walkmen sind was anderes
als so eine alberne Flasche Alleskleber.
Und dann erst sein Vater!
Der wird ausrasten. Der ...
Andi geht und geht.
Fährt Rolltreppen runter.
Geht weiter.
Es sind nicht seine Beine, die gehen.
Es ist nicht sein Kopf, der denkt.
Es muss jemand anders sein als Andi,
der einfach aus dem Kaufhaus herausgeht
und weiter und weiter durch die Straßen.
Kalter Wind bläst ihm ins Gesicht.
Die Augen tränen.
An der Martinskirche bleibt er endlich stehen.
Er muss sich gegen eine Wand lehnen
und tief durchatmen.
Ihm ist kalt.
Und er fühlt sich ganz zittrig.
Niemand ist ihm gefolgt!

Er kann es einfach nicht glauben.
Ich hab die Dinger geklaut,
ich Vollidiot,
denkt er.

Ich hab sie geklaut, weil ich unbedingt
zu Mikes Gang gehören wollte.
Aber jetzt hab ich alles zurückgebracht.
Er holt noch ein paarmal tief Luft,
bevor er zu Henner geht.

„Ich hab schon auf dich gewartet."
Andi kann sehen, wie Henner sich freut.
Das ist ein schönes Gefühl.

Die beiden erzählen sich gegenseitig
von Weihnachten.
Dann spielen sie Schwarzes Auge,
bis es Zeit wird fürs Mittagessen.
Gemeinsam putzen sie Gemüse,
pellen Kartoffeln, decken den Tisch.
„Eva kommt mittags
meistens für eine Stunde nach Hause",
sagt Henner.
„Und du kochst jeden Tag?", fragt Andi.
„Nein, wir wechseln uns ab.
Oft machen wir es auch zusammen."
Beim Kochen helfen macht mehr Spaß
als Legokisten einräumen, denkt Andi.
Er will Mama das unbedingt mal vorschlagen.
Wenn auch nicht für alle Tage.

Eva ist in Ordnung.
Redet ganz normal mit Andi.
Tut nicht so, als wär man erst mit achtzehn
oder noch später ein richtiger Mensch.
Er fühlt sich wohl mit Eva und Henner.

„Kannst du nicht Silvester mit uns feiern?",
fragt Henner,
bevor Eva wieder zur Arbeit geht.
„Ich würde deine Eltern
auch selbst darum bitten", sagt Eva,
„ich möchte sie sowieso gern kennenlernen."
Du und meine Eltern,
ihr passt kein bisschen zusammen, denkt Andi.
Er sieht von Eva zu Henner.
Nichts würde er lieber tun,
als mit den beiden Silvester feiern.
Aber er schüttelt den Kopf.
„Nein", murmelt er,
„mein Vater erlaubt das nie."

Bennie sitzt mitten in der Wohnung
auf seinem Schlitten,
als Andi nach Hause kommt.
„Aus der Bahn!", schreit der Kleine und tut so,
als wenn er seinen Bruder überfahren wollte.
„Fehlt nur der Schnee", sagt Andi.
„Wir fahren in die Berge, auf eine Hütte."

„Ein Kollege hat uns eingeladen,
Silvester mit seiner Familie zu feiern",
erklärt der Vater.
Andi mag nicht
mit Leuten von der Sparkasse feiern.
Und bestimmt liegt die Hütte
irgendwo hinterm Mond.
„Ich konnte schlecht ablehnen."
Sein Vater klingt gereizt.
„Der Kollege weiß doch,
dass ich ein paar Tage Urlaub habe.
Na ja, und das ist schließlich was,
Silvester so richtig im Schnee, oder?"
Mama mag die Berge sowieso.
Und der Sparkassenmensch hat einen Sohn,
der ist etwas älter als Kerstin.
Wahrscheinlich findet Kerstin die Berge
deswegen auf einmal auch interessant,
obwohl sie sonst nur ans Meer fahren will.
Bennie besteht darauf,
dass sein Schlitten im Flur stehen bleibt,
bis es losgeht,
auch wenn dauernd jemand drüber stolpert.

Andi ist der Einzige,
der sich kein bisschen auf Silvester freut.
Und dann hat er unerwartetes Glück:
Doktor Laubenthal hält eine Fahrt
in die Berge noch zu anstrengend für Andi.
„Und was jetzt?", fragt Mama.
„Wir können dich doch nicht
allein zu Hause lassen."
Da erzählt Andi von Eva.
Dass sie und Henner ihn eingeladen haben.
„Ob man das annehmen kann?"
Sein Vater ist unsicher.
„Warum eigentlich nicht?", sagt Mama.
„Und der Henner
scheint mir ein netter Junge zu sein."

Eva kommt wirklich extra zu Andi nach Hause.
„Damit Sie auch wissen,
wem Sie ihren Sohn anvertrauen",
sagt sie lächelnd.
Sie sitzt im Wohnzimmer
und redet ganz locker mit seinen Eltern.

Sagt,
wie sehr
sie sich darüber freut,
dass Andi und Henner
sich so schnell
angefreundet haben.
Jung sieht sie aus.
Viel jünger als seine Eltern.
Aber sie kann mit ihnen umgehen,
das sieht Andi sofort.
Nein, seine Eltern haben nichts mehr dagegen,
dass er Silvester
mit Eva und Henner verbringt.
„Eine sympathische Frau", sagt Mama,
nachdem Eva gegangen ist.
„Und tüchtig.
Hat eine gute Stelle bei der Zeitung."

Vaters Stimme klingt bewundernd.
Dass das alte Jahr so gut aufhören kann!

Am Silvestermorgen
bringt Mama Andi zu Eva und Henner.
Andi kann den Briefträger noch abpassen
wie immer in den letzten Tagen.
Er hat Angst,
dass die Sharks sich wieder melden.
Aber er hört nichts von ihnen.
Keine Post.
Keine Drohung zum Jahresende.

Es ist ein klarer, kalter Tag.
Schnee glitzert in der Sonne.
Mittags gehen Eva, Henner und Andi
mit ihren Schlittschuhen zum See.
Sie ziehen Kreise umeinander und Schleifen.
Henner tanzt „Sterbender Schwan".
Das sieht so komisch aus,
dass Andi vor Lachen kaum weiterlaufen kann.

„Wir bleiben besser nicht zu lange draußen",
sagt Eva zu Andi,
„das musste ich deinen Eltern versprechen."
Es ist Andi ganz gleichgültig,
was sie machen.
Hauptsache,
er kann mit Henner und Eva zusammen sein.

Abends kochen sie chinesisch.
„Und nachher gibt's noch Bratäpfel,
gar nicht chinesisch,
aber wie bei meiner Großmutter.

Wir haben Silvester immer bei ihr gefeiert,
als ich Kind war.
Die ganze große Familie zusammen."
Eva scheint sich gern daran zu erinnern.
Sie sieht fast so aus,
als würde sie sich
nach den alten Zeiten zurücksehnen,
denkt Andi.
Sie erzählt jedenfalls
noch eine ganze Menge aus ihrer Kindheit.
So jemand wie Tante Elvira
hat es da wohl nicht gegeben.
Henner scheint die Geschichten
alle zu kennen.
Jetzt weiß Andi,
woher Henner so gut erzählen kann.

Um Mitternacht
gehen sie alle drei auf den Balkon.
Die Wohnung liegt im neunten Stock
eines Hochhauses.
Man hat einen weiten Blick über die Stadt.

Noch nie hat Andi das Silvesterfeuerwerk
so gut beobachten können.
Der Himmel über ihnen ist nah und ganz hell.
Als die Glocken läuten,
fühlt Andi sich feierlich.
Ein neues Jahr!
Er denkt einen Moment lang
an seine Familie.
Sieht sie alle vier ganz deutlich vor sich.
Irgendwo in den Bergen
beginnt jetzt auch für sie das neue Jahr.
Andi kann ganz ohne Wut
an seine Familie denken.

Die Jungen haben in Henners Zimmer
zwei Matratzen nebeneinander
auf den Boden gelegt.
Sie nehmen sich fest vor,
noch lange wach zu bleiben.
Aber dann verstummt Henner plötzlich
mitten im Satz.
Andi lässt ihn schlafen.

Und es dauert nicht lange,
da fallen auch ihm die Augen zu.

Als sie am Neujahrsmorgen aufwachen,
ist fast Mittag.
In der Küche finden sie ein Briefchen von Eva.
„Ich brauche dringend frische Luft.
Macht euch schon mal selbst was zu essen."
„Deine Mutter ist in Ordnung",
sagt Andi.
„Bei euch ist alles total locker."
„Ja", sagt Henner,
„stimmt schon, Eva ist in Ordnung.
Aber wir haben es auch nicht immer leicht
miteinander."
Er beißt sich auf die Lippen
und fährt mit der Hand durch die Haare
wie beim Piratenspiel.
Vielleicht will er nicht darüber reden,
denkt Andi.
Eine Weile essen sie schweigend ihre Brote.
Henner sieht aus, als suche er nach Worten.

Und dabei fällt ihm das Reden
sonst doch so leicht.
„Dass Eva jetzt allein sein muss",
sagt er schließlich, „das heißt,
sie ist mal wieder deprimiert.
An Feiertagen kriegt sie meistens den Koller.
Weihnachten war das ganz genauso."
„Und warum?"
Andi kann sich das bei Eva kaum vorstellen.
Henner überlegt wieder erst lange,
bevor er antwortet.
„Sie hat doch gestern Abend
von ihrer Großmutter erzählt.
Und von der Familie.
Ich hab den Verdacht,
dass sie ganz schön übertreibt.
So superharmonisch
kann das ja wohl nicht immer gewesen sein.
Es hört sich jedes Mal toller an,
wenn sie von früher erzählt."
„Du meinst, sie hat uns was vorgemacht?"
„Nicht uns. Sich selber.
Ist ja auch egal.

Aber das war immer ihr Traum,
auch so eine große Familie zu haben.
Viele Kinder. Tolle Feste und so.
Aber es hat nicht geklappt."
Henner lächelt schief.
„Sie ... sie ist nie verheiratet gewesen.
Meinen Vater sehen wir nur alle hundert Jahre,
so ungefähr.
Und ich glaub,
sie verliebt sich
immer wieder
in die falschen
Männer."

Da geht die
Wohnungstür.
Eva kommt
in die Küche.
„Schön ist es draußen", sagt sie.
„Genauso schön wie gestern."

Sie sieht nicht traurig aus.
Henners Lächeln ist jetzt echt.
Er scheint erleichtert zu sein.
Eva macht sich einen Kaffee.
Und dann spielen sie zu dritt Schwarzes Auge,
stundenlang.
Heute erzählt Eva nichts mehr von früher.

Leider ist der Neujahrstag
irgendwann zu Ende.
Und auch der zweite Januar.
Aber als Andi abends von Mama abgeholt wird,
ist auch zu Hause gute Stimmung.
Der kurze Ausflug in die Berge
hat allen gefallen.
Bennie plappert pausenlos.
Vom Schlittenfahren.
Von der Schneeballschlacht.
Und vom Schneemann,
den sie gebaut haben,
Kerstin, Sören und er.
Aha, denkt Andi. Er heißt Sören.

Kerstin ist ungewöhnlich still
und scheint die ganze Zeit
vor sich hin zu träumen.
Ob das eine richtige Liebesgeschichte wird?
Mama schwärmt vom Sternenhimmel
in der Silvesternacht.
Sogar Vater ist fröhlich
und redet mit Andi mehr
als in den ganzen letzten Wochen zusammen.
Er hält ihm keine Predigt.
Er erzählt einfach bloß.

Das alte Jahr
hat zum Schluss noch gut aufgehört
und das neue genauso gut angefangen.
Zufrieden kuschelt sich Andi in sein Bett.
Schon wieder ist Mitternacht vorbei.
Also eigentlich schon der dritte Januar.
Nur noch vier Tage bis Schulbeginn!

Jetzt rennen die Ferientage davon.
Andi und Henner sind dauernd zusammen.
Aber Henner ist irgendwie anders.
Manchmal total aufgekratzt,
dann wieder gereizt.
Andi versteht das nicht.
Die ganzen Ferien sind sie doch wunderbar
miteinander klargekommen.
Und dann haben sie auch noch richtig Zoff,
zum ersten Mal
und eigentlich wegen gar nichts.
„Wir müssen uns ja nicht treffen", schreit Andi.
„Sag's doch, wenn du keinen Bock mehr hast.
Oder was ist auf einmal los?"
Erschrocken zuckt Henner zusammen.
„Na ja, bin nicht so gut drauf im Moment.
Eva muss dauernd Überstunden machen,
ist ziemlich genervt. Und dann ..."
Er sieht an Andi vorbei.
„Und dann ich freu mich eben nicht besonders
auf die Schule", sagt er heftig,
„hab mir das mit der neuen Klasse
viel leichter vorgestellt."

„Tut mir leid,
dass ich dich so angeschrien hab", sagt Andi.
„Nicht tragisch",
murmelt Henner gerade eben noch verständlich.
„Kannst ruhig mal motzen.
Ich bin ja froh, dass ich dich hab!"
„Geht mir mit dir ganz genauso."
Andi beißt sich auf die Lippen.
Er denkt an die Sharks.
Henner guckt erstaunt.
Dann schüttelt er den Kopf.
„Das ist doch ganz was anderes", sagt er.
„Du bist kein Neuer,
kein Außenseiter wie ich."
Hast du 'ne Ahnung, denkt Andi,
bei mir ist alles noch viel schlimmer.
Aber ich will nicht, dass du's weißt.
Er ist wirklich froh, dass er Henner hat.
Es ist einfach gut, einen Freund zu haben,
auch wenn der mal nicht gut drauf ist.
Andi fürchtet sich weniger vor den Sharks,
weil sein neuer Freund mit ihm
in eine Klasse geht.

Und vielleicht, hofft er,
vielleicht sind die Sharks mich inzwischen leid.
Sie haben sich ja längst gerächt.
Dauernd können die mich ja wohl nicht
zusammenschlagen.
Vielleicht lassen sie mich jetzt endlich
in Ruhe.

Aber er hat sich getäuscht.
Am letzten Ferientag hört Andi
seinen Vater morgens früh das Auto starten.

Andi gähnt.
Dreh sich im Bett
gemütlich auf die andere Seite.
Heute kann er noch ausschlafen.

Auf einmal dringt Vaters Stimme
aus der Diele bis hoch zu Andi unters Dach.
„Was hat das zu bedeuten?", schreit er.
Und schon steht er in Andis Zimmer.
Vor seinem Bett.
Groß und drohend.
„Komm sofort raus!
Guck dir das an!
Ich will wissen, was das bedeutet."
Seine Stimme überschlägt sich fast.
Und dann stürzt er wieder aus dem Zimmer.
Andi zittert.
Fühlt sich wie eingefroren.
Er schafft es kaum,
aufzustehen und sich anzuziehen.
Was seinen Vater so aufregt,
muss schlimm sein.

Und Andi weiß schon,
dass es nur von den Sharks kommen kann.

Die Haustür ist weit offen,
obwohl es in der Nacht gefroren hat.
Andi geht zögernd nach draußen.
Sein Vater steht vor dem Haus
und sieht starr auf die Wand.
Andi will nicht sehen, was sein Vater sieht.
„Guck es dir an!", schreit der wieder.

HIER WOHNT EIN DIEB

steht dick und rot
auf dem weißen Putz der Fassade.
Grell und hässlich.
Die Farbe läuft von den Buchstaben runter
die Wand entlang.
„Schweinerei! Auf dem sauberen Putz!",
schreit Andis Vater.
„Damit bist du gemeint. Oder?"
„Ich weiß nicht", stammelt Andi.
„Nein, du weißt nicht.

Du weißt nie was.
Nicht, wer dich zusammengeschlagen hat!
Woher sollst du das auch wissen?
Und du weißt nicht,
wer das auf unsere Wand
geschmiert haben könnte.
Aber ich krieg es schon raus!
Verlass dich drauf."
Mama versucht,
ihren tobenden Mann zu beruhigen.
Er sieht auf seine Uhr, springt ins Auto.
„In siebzehn Jahren ist er noch nie
zu spät zur Arbeit gekommen",
sagt Mama.

Andi ist verzweifelt.
Was soll er tun,
wenn sein Vater alles erfährt?
Und Herr Becker?
Und Eva und Henner?
„Junge?", fragt Mama traurig.
„Was ist mit dir los?"

„Ich weiß nicht!", schreit Andi.
„Komm erst mal rein", sagt sie leise,
„hier draußen ist es viel zu kalt."

Als Mama in der Küche verschwindet,
schnappt Andi seine Lederjacke
und rennt aus dem Haus.

HIER WOHNT EIN DIEB.

Die rote Farbe scheint immer noch weiter
nach unten zu laufen.
Andi rennt, als wär jemand hinter ihm her.
Plötzlich steht er vor dem Hochhaus,
in dem Henner und Eva wohnen.
Nein, denkt er,
ich kann jetzt nicht einfach da klingeln.

Stundenlang läuft er durch die Stadt.
Es ist ihm gleichgültig, wohin.
Er liest Straßennamen,
die hat er vorher noch nie gehört.

Ab und zu geht er in ein größeres Geschäft,
wo sich niemand um ihn kümmert,
und wärmt sich auf.

Mittags kauft er sich eine Cola.
Hunger hat er sowieso keinen.

Das Wetter passt nicht zu Andis Gedanken.
Zu seinen Gefühlen schon gar nicht.
Die Sonne scheint wie an Silvester.
Bringt den Schnee zum Glitzern.
Silvester?
Neujahr?

Es kommt ihm vor,
als wäre das schon hundert Jahre her!
Morgen fängt die Schule an.
Was soll er seinem Vater bloß sagen?
Kann er überhaupt wieder nach Hause?
Jetzt werden sie noch wütender sein,
weil er einfach abgehauen ist.
Andi sucht in seinen Jackentaschen,
findet aber nur wenig Kleingeld.
Und einen zusammengefalteten Zettel.
Er kriegt einen Riesenschreck.
Langsam faltet er das Papier auseinander.
Oh Mann!
Es ist nur der Brief von Herrn Becker.
Klar, den hat er neulich
selbst in die Tasche gesteckt.
„Damit du die Nummer
nicht erst raussuchen musst."
Und wenn er ihn wirklich anruft?
Ihm einfach sagt, was passiert ist?
Er zögert.
Dann sucht er ein Telefonhäuschen,
wirft Geld in den Apparat, wählt die Nummer.

Jetzt soll bloß nicht Beckers Frau
ans Telefon kommen!
„Becker."
Andi kriegt keinen Ton heraus.
„Hallo, hören Sie mich?", fragt Herr Becker.
„Ja", sagt Andi. „Ich bin's. Andi.
Andi Mellert aus Ihrer Klasse.
Ich ... ich wollte ..."
Er weiß nicht, wie er es sagen soll.
„Andi", sagt Herr Becker,
„schön, dass du anrufst.
Bist du wieder gesund?"
„Ja", sagt Andi, „ja, nein ..."
„Wie?", fragt Herr Becker freundlich.
„Stimmt was nicht, Andi?
Sag's doch, ich hör dir zu."
„Ich weiß nicht", sagt Andi verzweifelt.
„Komm zu mir nach Hause", sagt Herr Becker.
„Oder warte. Wo bist du? Ich hol dich ab."
Andi gibt keine Antwort.
Er hängt einfach ein.

Die Straßenlaternen gehen an.
Ab und zu kommt auf der Uferstraße
ein Auto vorbei,
und das Scheinwerferlicht
streift die Böschung.

An der Brücke
bleibt Andi stehen
und sieht lange runter ins Wasser.
Hier haben sie früher oft
Blätter reingeschmissen, Kerstin und er.
„Guck mal, meins schwimmt schon ganz vorn,
das große Kastanienblatt!"
Und um die Wette runtergespuckt
haben sie auch.
„Da freut sich die Spucke,
dass sie Kahn fahren kann, holladihia."

Wenn ich da reinspringe, denkt Andi,
dann ist alles vorbei.
Dann kann mir keiner mehr was tun.
Dann?
Hier wohnt ein Dieb.
Hier wohnt ein Dieb.
Er starrt und starrt in das Wasser.
Wie kalt mag das sein?
Er hat längst kein Gefühl mehr
in Händen und Füßen.
So kalt wie heute war ihm noch nie im Leben.
Aber der Fluss?
Und wenn jetzt jemand käme
und sagen würde ...
Natürlich kommt niemand
und holt ihn hier weg.
Nur manchmal
huscht wieder ein Scheinwerferlicht
für einen Moment über die Böschung.
Wie lange dauert das wohl, bis ich tot bin?
überlegt Andi.
Am Anfang schwimm ich vielleicht.
Aber die eisige Kälte

und die nassen Winterklamotten,
das hält man nicht lange durch.
Wasserleichen sollen scheußlich aussehen.
Und das alles bloß, weil die Sharks ...
Die Sharks?
Andi hört in sich hinein,
als könnte aus seinem Innern
eine Antwort kommen.
Aber da ist nichts
als wirre Gedanken und Angst.
Und langsam, ganz langsam
verwandelt sich seine Verzweiflung
in eine riesengroße Wut.
So wütend ist er noch nie gewesen.
„Nein", sagt er laut,
er schreit es fast,
„ich bin doch nicht blöd!
Ich will noch nicht sterben.
Und schon gar nicht so!"
Er nimmt Schnee von der Böschung
und macht einen dicken Ball daraus.
Den schmeißt er in den Fluss.
Und spuckt hinterher.

Dann rennt er fast so schnell los
wie beim Sportfest im letzten Sommer,
trotz seiner kalten Füße.

Er läuft ohne Pause.
In die Elisabethstraße zehn.
Zu Mike.
Er kennt die Adresse.
Aber er ist noch nie dort gewesen.
Eine Frau öffnet ihm,
nachdem er schon zweimal geklingelt hat.
Das muss Mikes Mutter sein.
Oder vom Alter her eher seine Großmutter.
Misstrauisch guckt sie ihn an.
„Ich bin Andi Mellert aus Mikes Klasse",
sagt er, noch ganz außer Atem.
„Ich muss unbedingt mit Mike reden."
„So? Musst du?"
Die Frau
guckt auf Andis durchgeweichte Schuhe,
auf die feuchten Ränder an seinen Jeans.
Andi ist das gleichgültig.

„Ja", sagt er. „Unbedingt."
Die Frau schüttelt den Kopf.
Aber dann lässt sie ihn trotzdem rein.
Der Flur ist vollgestopft mit alten Möbeln.
„Mi-cha-äll!", schreit die Frau,
und Andi versteht,
warum Mike seinen Namen nicht leiden kann.
Sie zeigt mit dem Daumen
über ihre Schulter auf eine Tür.
Andi klopft.
„Ja?" Mikes Stimme klingt knurrig.
Andi stößt trotzdem die Tür auf.
Im Zimmer ist es stockdunkel.
Andi macht die Tür erst hinter sich zu,
nachdem er den Schalter gefunden
und das Deckenlicht angeknipst hat.
Das Zimmer ist winzigklein.
Die Wände sind mit Plakaten
von Popstars beklebt.
Mike liegt auf dem Bett.
Hat die Augen zusammengekniffen.
Langsam nimmt er die Kopfhörer ab.
„Hab ich dich vielleicht eingeladen?

Was willst du hier?"
Wütend rappelt er sich hoch.
„Müsstest du ja wohl wissen."
Andi wundert sich über seine eigene Stimme.
„Ihr sollt mich endlich in Ruhe lassen!"
„Ach!" Mike versucht dasselbe Grinsen
wie neulich im Partykeller.
Doch es will ihm nicht gelingen.
Andi sieht ihn herausfordernd an.
Nein, er hat keine Angst mehr.
Vor Mike allein schon gar nicht.
Es ist, als ob er alle Angst
auf der Brücke am Fluss gelassen hätte.
„Jetzt hör mir mal zu."
Er geht noch einen Schritt näher zum Bett.
„Nicht so laut", sagt Mike,
und es klingt wie eine Bitte.
„Meine Alte muss ja nicht alles mithören,
oder?"
Er horcht auf die Geräusche im Flur,
wo die Frau mit sich selbst zu reden scheint.
Andi erkennt den Mike aus der Schule
nicht wieder.

Und sich selbst kennt er
auch nicht mehr.

„Was soll das Ganze eigentlich?", fragt er.
„Erst die Zettel mit den Drohungen,
dann schlagt ihr mich zusammen.
Eure Weihnachtskarte,
und jetzt auch noch das Geschmiere
an unserem Haus.
Das ist doch total bescheuert!
Hört endlich auf mit dem Scheiß."
Mike spielt mit den Kopfhörern.
Verzieht das Gesicht.
„Haste die Walkmen geklaut oder nicht?"

„Frag noch", sagt Andi.
„Blöd genug, dass ich mich
überhaupt drauf eingelassen hab.
Ich wollte in eure Gang, ja,
aber verarschen lass ich mich nicht mehr."
„Und was ist mit den Walkmen?"
„Hab ich alle zurückgebracht."
„Kann ja keiner wissen." Mike grinst.
„Wir haben gedacht,
vielleicht ist das interessant
für deinen Vater,
Sparkasse und so."
„Mensch", sagt Andi.
„Ausgerechnet du musst das sagen.
Ihr klaut doch alle.
Und das nennt ihr Mut.
Ja klar, die Sharks!
Die Wahnsinns-Gang! Oh Mann!
Wenn jemand deiner Mutter
mal was von den Sharks erzählen würde!
Wär vielleicht auch interessant!"
„Hör bloß auf!"
Mike guckt ängstlich zur Tür.

„Wieso biste denn neulich im Keller
so ausgetickt?", fragt er dann.
„So was kann man mit den Sharks nicht ..."
„Ach nee", unterbricht Andi.
„Kann man mit den Sharks nicht machen?
Aber ihr macht mit anderen, was ihr wollt,
oder wie?"
„Ganz genau!"
Jetzt klingt Mike wieder höhnisch.
Er glaubt wohl noch immer,
dass er Andi einschüchtern kann.
Mike, der King.
„Wenn ihr so weitermacht,
kriegt *ihr* den Ärger", sagt Andi.
„Sicher?", fragt Mike.
„Sonst wär ich nicht hier."
Andis neue Stimme klingt fest
und ohne jede Spur von Angst.
„Aber jetzt muss ich nach Hause."
Sie gucken beide
auf seine durchgeweichten Schuhe.
„Bist wohl schon lange unterwegs?",
fragt Mike.

„Viel zu lange", sagt Andi. „Bis morgen."
Mike nickt nur.
Ihm scheint kein passender Spruch
einzufallen.
Zögernd setzt er die Kopfhörer wieder auf.
Der ist kein King!
Der nicht, denkt Andi
und lässt das Licht im Zimmer
einfach brennen, als er geht.
Mikes Mutter wartet im Flur
und starrt hinter Andi her,
ohne ein Wort zu sagen.

Mama macht ihm die Tür auf.
Er sieht, dass sie geweint hat.
Hilflos steht er vor ihr.
Da nimmt sie ihn in die Arme.
„Junge", sagt sein Vater.
„Wir hatten solche Angst!"

Im Wohnzimmer sitzen eine Menge Leute:
ein Polizist, Herr Becker, Eva und Henner
und Kerstin.
Bennie wuselt unterm Tisch herum.
Andi kann gar nicht glauben,
wie sich alle freuen,
dass er wieder da ist.
Und wenn sie erst wissen,
warum er den ganzen Tag unterwegs war?
Das muss er jetzt hinter sich bringen,
schnell, genau wie die Sache mit Mike.
Und er fängt sofort an zu reden,
zieht nicht einmal seine Jacke aus.
Zuerst geht es nur langsam und stockend,
weil alle ihm gespannt zuhören.
Das ist er nicht gewöhnt.
Dauernd verspricht er sich.
Aber dann klingt seine Stimme
allmählich so sicher wie vorhin bei Mike.
Er erzählt von der Gang
und von den Mutproben.
Klar und ohne zu zögern.
Nichts lässt er weg.

Sein Vater kriegt einen roten Kopf
und will ihn immer wieder unterbrechen.
Aber Mama sagt energisch:
„Lass ihn, es war schlimm genug."
Henner starrt Andi mit großen Augen an.
„Mensch!", sagt Kerstin.
Herr Becker sieht traurig aus.
„Ich hab schon so was geahnt", sagt er,
„aber ich konnte nichts herausbekommen.
Und der Mike ist eigentlich ein armer Kerl."
Das weiß Andi seit heute Abend auch.
„Wir reden noch über die Sache",
sagt sein Vater.
Aber er scheint lange nicht mehr
so böse zu sein wie heute Morgen.
Lebenslänglich einsperren
kann er mich nicht,
denkt Andi.
Und wenn ich das Überstreichen der Wand
von dem Geld auf meinem Sparbuch bezahle?

Eva drückt Andi ganz fest, bevor sie geht,
und Henner sagt:
„Du machst vielleicht Sachen!"
Andi würde ihn am liebsten fragen,
ob er trotzdem sein Freund bleiben will.
Aber das kriegt er nicht über die Lippen.
„Bis morgen!", sagt Henner.
„Wir könnten zusammen zur Schule gehn.
Soll ich dich abholen?"
Andi nickt.

Wir, wiederholt er im Kopf.
Wir zusammen!

Andi liegt in der Badewanne.
Schon seit über einer halben Stunde.
Mama hat auf dem heißen Bad bestanden,
damit er nicht wieder eine Grippe kriegt.

Wie im Film
ziehen die letzten Wochen an ihm vorbei.
Doch die Bilder machen ihm keine Angst.
Ich werde mit den Sharks schon fertig,
denkt er.
Allein bin ich auch nicht mehr.
Jetzt hab ich Henner.
Und wenn es ganz schlimm wird,
kann ich immer noch zu Herrn Becker gehen.
Auf einmal muss Andi lachen.
Er ist kein Blödi.
Das hat er heute endlich begriffen.
Und sein Vater wird es auch noch merken.

Wenn ich wirklich
in den Fluss gesprungen wäre,
oh Mann, denkt Andi.
Er legt sich gemütlich in der Wanne zurecht
und lässt noch einmal heißes Wasser
nachlaufen.

Ravensburger Bücher

short & easy

Rauchzeichen

Werner Färber

Wenn ich will, hör ich auf.

Wenn die würzigen Duftwolken eines Joints Kais Nase umwehen, geht es ihm gut. Grasrauchen ist für ihn Entspannung pur. Dabei merkt er gar nicht, wie er mehr und mehr die Kontrolle über sich verliert. Doch nicht nur die: Fast verliert er auch Mela, seine Freundin, die er über alles liebt.

ISBN 978-3-473-**52430**-3

www.ravensburger.de

Lies mich ...

**Leseprobe
aus dem Ravensburger Taschenbuch 52430
„Wenn ich will, hör ich auf"
von Werner Färber**

Den ersten Tag im Krankenhaus
hatte ich größtenteils verpennt.
Konnte mich an kaum etwas erinnern.
Irgendwann war wohl meine Ma hier gewesen.
Wer sonst hätte mir meinen Bademantel
an den Haken neben dem Bett gehängt?
Erst am zweiten Morgen, Montag früh,
fing sich der Nebel in meinem Kopf
allmählich an zu lichten.
Mein erster Gedanke: Mela anrufen.
Mein zweiter: Vergiss es!
Sie will nichts mehr von dir!
Der dritte: Anrufen? Wie denn?
Die Typen hatten mir am Sonnabend
das Handy abgenommen.
Und die mühsam zusammengekratzte Kohle,
die ich bei mir gehabt hatte, ebenfalls.
Trotzdem musste ich unbedingt mit Mela reden.

Wieso hatte sie mich ausgerechnet
so kurz vor diesem entscheidenden Treffen
einfach abserviert? Endgültig Schluss!
Weshalb denn nun schon wieder?
War es das dritte oder das vierte Mal,
seitdem wir uns kennengelernt hatten?
Noch am Donnerstag
schien sie mir zu glauben,
dass ich es wirklich ernst meinte.
Danach hatten wir uns nicht mehr gesprochen.
Und dann dieser Anruf. So gegen Mittag,
ich war gerade aufgestanden.
Noch etwas beduselt
von einer unendlich langen Nacht.

Sie ließ mich nicht mal richtig
zu Wort kommen und legte sofort los:
Ich hätte sie hintergangen,
sie hätte die Schnauze voll
und ich sollte gefälligst ihren Bruder
in Ruhe lassen.

Ich kapierte nichts und wäre
für eine Erklärung wirklich dankbar gewesen.
Was hatte Melas Bruder Sven mit
unserem Beziehungsstress zu tun?
Natürlich hatte ich sofort versucht
zurückzurufen. Sie ging nicht ran.
Auch nicht ans Festnetz. Und auf SMS
reagierte sie auch nicht. Keine Ahnung,
wie viele ich ihr geschickt habe.
Trotzdem hielt ich mich an mein Versprechen,
das ich ihr am Donnerstag gegeben hatte:
meine Finger vom Gras zu lassen.
In jeder Hinsicht. Und was hatte ich davon?
Ich fand mich in einem Bett im Krankenhaus
wieder und konnte mich kaum rühren
vor Schmerzen.
Vielleicht hatte mir Ma in einem lichten Moment
ihr Handy dagelassen?
Ich reckte mich nach der Schublade
des Nachttisches. Grober Fehler.
Mir stockte der Atem. Wie Messerstiche jagten
die Schmerzen durch meinen Brustkorb.
Die angeknacksten Rippen! Verdammt.

In Zeitlupe lehnte ich mich
in die Kissen zurück, wagte kaum zu atmen.
War es normal, dass man solche Qualen
ertragen musste? Hatten die kein Geld mehr,
um Schmerzmittel anzuschaffen?
Oder hatten sie einfach vergessen
rechtzeitig Nachschub zu bestellen?
Wäre ich mein eigener Arzt gewesen,
hätte ich gewusst, was hilft:
etwas zum Inhalieren.
Gegen ein Marihuanazigarettchen
als Entspannungstherapie hätte ich
nichts einzuwenden gehabt. Mela schon.
Auch wenn ich es noch immer nicht
wahrhaben wollte – sie schien in die Kategorie
Kontrollfreak oder Korrektheitsjunkie
zu gehören. Außerdem – wie sollte ich
vom Krankenbett aus an was rankommen?
Zu Hause anrufen?
„He, Ma, im Boden meiner Nachttischlampe
findest du meine Notreserve. Kannst du sie mir
eben mal vorbeibringen? Und vergiss bitte
die Blättchen zum Drehen nicht."

Kaum hatte ich mich
von dem stechenden Schmerz halbwegs erholt,
klopfte es an der Tür.
Zwei Uniformierte traten ins Zimmer.
Was kam denn jetzt? Wollten sie mich
als Kleindealer vom Krankenbett weg verhaften?
Erstaunlich freundlich erkundigten sie sich,
wie es mir ginge. Ob ich ihnen
wegen des Überfalls am Sonnabend
ein paar Auskünfte erteilen könnte.
„Erinnere mich kaum, was passiert ist."
Das stimmte nur teilweise. An den Anfang
konnte ich mich sehr wohl erinnern.
Nachdem jedoch massenhaft Schläge auf mich
eingehagelt waren, wies mein Gedächtnis
deutliche Lücken auf.
„Wie sieht es mit einer Täterbeschreibung
aus?", fragte die Beamtin.
Sie war kaum älter als ich.
Hatte noch nicht mal ein Sternchen
auf den Schultern. Sah aber gut aus.
Ich hatte das Gefühl, sie zu kennen.
Vielleicht von einer dieser Schulhofrazzien?

„Bin nicht mal sicher, wie viele es
gewesen sind. Drei, vier Leute, glaub ich.
So ein paar Glatzen eben."
„Rechte Szene?", hakte ihr Kollege nach.
„Was ist der Schlägerei vorangegangen?
Gab es Provokationen? Wie kam es
zu dieser Auseinandersetzung?"
Ich setzte weiter auf Naziüberfall
und schüttelte den Kopf. „Solche Idioten
muss man nicht provozieren.
Wenn denen eine Nase nicht passt,
holen sie die Keule raus."
Die Beamtin verzog das Gesicht.
„Baseballschläger?" Ich nickte.
„Hatten sie noch andere Waffen?"
„Kann mich nicht erinnern."
In Wirklichkeit waren die Typen
natürlich keine Glatzen gewesen.
Und wie ich ausgesehen hätte, wenn sie
Baseballschläger dabeigehabt hätten,
wollte ich gar nicht wissen.
Ihre Fäuste und Füße hatten auch so
ausreichend Spuren hinterlassen.

„Was hatten Sie auf diesem Fabrikgelände
zu suchen?"
Ich zuckte mit den Schultern. „Musste mal
für kleine Königstiger."
Die Frau verdrehte die Augen. Ihr Kollege
versuchte sich das Grinsen zu verkneifen.
„Und weiter?", fragte sie.
Ich erzählte ihnen, dass die Typen mich völlig
überraschend angegriffen und zusammengetreten
hatten. Voll die Wahrheit. Sie hatten mir
keine Chance gelassen, mich zu verteidigen.
Ich hatte nur noch versucht Schläge abzuwehren
und mich zu schützen.
„Irgendwann sind sie abgezogen
und ich hab mich zur Straße geschleppt."
Ich gab zu Protokoll, dass ich außer
ein paar Euro und meinem Handy
nichts vermisste.
Abschließend stellte ich eine Frage,
auf die ich unter keinen Umständen
ein Ja hören wollte: „Besteht die Chance,
die Typen zu finden?"